Kob

M000211955

La biografía de una leyenda del baloncesto, sus lecciones de vida Mentalidad de una Mamba

Por la Biblioteca Unida

https://campsite.bio/unitedlibrary

Introducción

Kobe Bryant es uno de los jugadores de baloncesto más legendarios de la historia.

Este libro biográfico cuenta la historia de cómo Kobe se convirtió en uno de los mejores jugadores de baloncesto de la historia. También se sumerge en su vida personal y ofrece a los lectores valiosas lecciones de vida que pueden aplicarse a sus propias vidas.

Kobe Bean Bryant está considerado como uno de los mejores jugadores de baloncesto de todos los tiempos. Fue cinco veces campeón de la NBA, dos veces MVP de las Finales de la NBA y 18 veces All-Star. También ganó un Oscar por su cortometraje "Dear Basketball".

Kobe Bean Bryant nació el 23 de agosto de 1978 en Filadelfia, Pensilvania. Recibió su nombre por los filetes de carne de la ciudad y la cena favorita de su padre. La vida de Bryant se truncó trágicamente en un accidente de helicóptero en enero de 2020, pero su legado sigue vivo.

Kobe era conocido como una "mamba" en la cancha, debido a su increíblemente intensa ética de trabajo y su instinto asesino. En este libro, conocerás su vida y los principios de Kobe, para que puedas aplicarlos a tu propia vida y alcanzar el éxito.

Índice de contenidos

Kobe Bryant

Kobe Bean Bryant (23 de agosto de 1978 - 26 de enero de 2020) fue un jugador profesional de baloncesto estadounidense. Es un escolta que pasó toda su carrera de 20 años con los Lakers de Los Ángeles en la Asociación Nacional de Baloncesto (NBA). Ampliamente considerado como uno de los mejores jugadores de baloncesto de todos los tiempos, Bryant ganó cinco campeonatos de la NBA, fue 18 veces All-Star, 15 veces miembro del Equipo All-NBA, 12 veces miembro del Equipo All-Defensive, el Jugador Más Valioso (MVP) de la NBA en 2008 y dos veces MVP de las Finales de la NBA. Bryant también lideró la NBA en anotación en dos ocasiones, y ocupa el cuarto lugar en anotación de todos los tiempos de la liga en temporada regular y postemporada. Fue votado a título póstumo en el Salón de la Fama del Baloncesto Naismith Memorial en 2020 y nombrado en el Equipo del 75º Aniversario de la NBA en 2021.

Hijo del ex jugador de la NBA Joe Bryant, nació en Filadelfia y se crió en parte en Italia. Reconocido como el mejor jugador de baloncesto de la escuela secundaria estadounidense mientras estudiaba en el suburbio de Filadelfia, Lower Merion, Bryant se presentó al draft de la NBA de 1996 y fue seleccionado por los Charlotte Hornets con el número 13 de la lista global; después fue traspasado a los Lakers. Como novato, Bryant se ganó la reputación de ser un jugador de altura al ganar el Concurso de Mates de 1997, y fue nombrado All-Star en su segunda temporada. A pesar de una disputa con su compañero de equipo Shaquille O'Neal, la pareja condujo a los Lakers a tres campeonatos consecutivos de la NBA de 2000 a 2002.

En 2003, Bryant fue acusado de agresión sexual; la supuesta víctima era una empleada de hotel de 19 años. Más tarde se retiraron los cargos penales después de que la acusadora no testificara, y se resolvió un pleito fuera de los tribunales, en el que Bryant presentó una disculpa pública y admitió que el encuentro sexual había sido consentido. La acusación empañó brevemente la reputación de Bryant, lo que le hizo perder varios de sus contratos de patrocinio.

Después de que los Lakers perdieran las Finales de la NBA de 2004, O'Neal fue traspasado y Bryant se convirtió en la piedra angular de la franquicia. Lideró la NBA en anotación en las temporadas 2005-06 y 2006-07 y fue nombrado MVP de la liga en 2008. El 22 de enero de 2006, anotó 81 puntos, la cifra más alta de su carrera, el segundo mayor número de puntos anotados en un solo partido de la NBA, por detrás del partido de 100 puntos de Wilt Chamberlain. Bryant llevó al equipo a ganar campeonatos consecutivos en 2009 y 2010, y en ambas ocasiones fue nombrado MVP de las Finales de la NBA. Siguió estando entre los mejores jugadores de la liga hasta la temporada 2012-13, cuando sufrió una rotura del tendón de Aquiles a los 34 años. Sus dos siguientes temporadas se vieron truncadas por lesiones en la rodilla y el hombro, respectivamente. Alegando un declive físico, Bryant se retiró tras la temporada 2015-16. En 2017, los Lakers retiraron sus números 8 y 24, lo que le convierte en el único jugador de la historia de la NBA que tiene varios números retirados por la misma franquicia.

Máximo anotador de la historia de los Lakers, Bryant fue el primer escolta de la historia de la NBA en jugar 20 temporadas. Sus 18 designaciones para el All-Star son la segunda mayor cantidad de todos los tiempos, y tiene el mayor número de apariciones consecutivas como titular. Los cuatro premios de MVP del Partido de las Estrellas de la NBA de Bryant están empatados con Bob Pettit para la mayor cantidad en la historia de la NBA. A mediados de la década de 2000 se puso a sí mismo el apodo de "**Mamba Negra**", y el epíteto fue ampliamente adoptado por el público en general. Ganó medallas de oro en los equipos olímpicos de Estados Unidos de 2008 y 2012. En 2018, ganó el Premio de la Academia al Mejor Cortometraje de Animación por la película *Dear Basketball* (2017).

Bryant murió, junto con su hija Gianna y otras siete personas, en un accidente de helicóptero en Calabasas, California, en 2020. Posteriormente se emitieron varios homenajes y conmemoraciones, incluyendo el cambio de nombre del premio All-Star MVP en su honor.

Primeros años de vida

Bryant nació en Filadelfia, es el menor de tres hermanos y el único hijo de Pamela Cox Bryant y del ex jugador de la NBA Joe Bryant. También era sobrino materno del jugador de la NBA John "Chubby" Cox. Sus padres le pusieron el nombre de la famosa carne de vacuno de Kobe, Japón, que vieron en el menú de un restaurante. Su segundo nombre, Bean, procede del apodo de su padre, "Jellybean". La familia de Bryant era católica y él fue educado en esta fe.

Bryant empezó a jugar al baloncesto a los tres años, y los Lakers fueron su equipo favorito durante su infancia. Cuando Bryant tenía seis años, su padre se retiró de la NBA y trasladó a su familia a Rieti, en Italia, para seguir jugando al baloncesto profesional. Al cabo de dos años, se trasladaron primero a Reggio Calabria y luego a Pistoia y Reggio Emilia. Kobe se acostumbró a su nuevo estilo de vida y aprendió a hablar italiano con fluidez. Le gustaba especialmente Reggio Emilia, que consideraba un lugar cariñoso y donde se forjaron algunos de sus mejores recuerdos de la infancia. Bryant empezó a jugar al baloncesto en serio mientras vivía en Reggio Emilia. El abuelo de Bryant le enviaba por correo vídeos de partidos de la NBA para que Bryant los estudiara. Otra fuente de inspiración fueron las películas europeas de animación sobre deportes, con las que aprendió más sobre el baloncesto. De 1987 a 1989, su padre jugó en el Olimpia Basket Pistoia, donde formó pareja con el ex de los Detroit Pistons Leon Douglas. Kobe trabajaba en los partidos como recogepelotas y practicaba el tiro en el descanso, y Douglas decía: "En cada uno de nuestros partidos, en el descanso, era el espectáculo de Kobe. Salía y se ponía a tirar. Salíamos del vestuario en el descanso y teníamos que echarle de la cancha".

Bryant también aprendió a jugar al fútbol, y su equipo favorito era el A.C. Milan. Durante los veranos, Bryant volvía a Estados Unidos para jugar en una liga de verano de baloncesto. Cuando Bryant tenía 13 años, él y su familia se trasladaron de nuevo a Filadelfia, donde se matriculó en octavo curso en la Bala Cynwyd Middle School.

Escuela Secundaria

Bryant se ganó el reconocimiento nacional durante una espectacular carrera en el instituto Lower Merion de Ardmore, situado en el suburbio de Filadelfia de Lower Merion. Jugó en el equipo de baloncesto universitario como estudiante de primer año. Bryant se convirtió en el primer estudiante de primer año en décadas en ser titular del equipo universitario de Lower Merion, pero el equipo terminó con un récord de 4-20. En los tres años siguientes, los Aces consiguieron un récord de 77-13, con Bryant jugando en las cinco posiciones. Durante su tercer año, promedió 31,1 puntos, 10,4 rebotes, 5,2 asistencias, 3,8 tapones y 2,3 robos, y fue nombrado Jugador del Año de Pensilvania, además de ser nominado al cuarto equipo *Parade* All-American, lo que atrajo la atención de los reclutadores universitarios. Duke, Michigan, Carolina del Norte y Villanova encabezaban su lista. Sin embargo, después de que Kevin Garnett, de la escuela secundaria, saliera en la primera ronda del draft de la NBA de 1995, Bryant también empezó a contemplar la posibilidad de ir directamente a los profesionales.

En el Adidas ABCD Camp, Bryant ganó el premio MVP del año 1995 mientras jugaba junto a su futuro compañero de la NBA Lamar Odom. Mientras estaba en el instituto, el entonces entrenador de los 76ers, John Lucas, invitó a Bryant a ejercitarse y hacer prácticas con el equipo, donde jugó uno contra uno con Jerry Stackhouse. En su último año de instituto, Bryant llevó a los Aces a su primer campeonato estatal en 53 años. Durante la carrera, promedió 30,8 puntos, 12 rebotes, 6,5 asistencias, 4 robos y 3,8 tiros bloqueados para llevar a los Aces a un récord de 31-3. Bryant terminó su carrera en el instituto como máximo anotador de todos los tiempos del sureste de Pensilvania con 2.883 puntos, superando a Wilt Chamberlain y Lionel Simmons.

Bryant recibió varios premios por su excelente rendimiento durante su último año en Lower Merion. Entre ellos, fue nombrado Jugador del Año de la Escuela Secundaria Naismith, Jugador Nacional de Baloncesto Masculino Gatorade del Año, un McDonald's All-American, un *Parade* All-American del primer equipo y un jugador del *USA Today* All-USA First Team. El entrenador del equipo universitario de Bryant, Greg Downer, comentó que era "un jugador completo que domina" y alabó su ética de trabajo, incluso siendo el mejor jugador del equipo. En 1996, Bryant llevó a la cantante de R&B Brandy a su baile de graduación. Finalmente, Bryant, de 17 años, tomó la decisión de ir directamente a la NBA, convirtiéndose en el sexto jugador de la historia de la NBA en hacerlo. La noticia de Bryant fue recibida con mucha publicidad en una época en la que no era muy común que los jugadores de la NBA pasaran de la preparación a la profesional (Garnett es la única excepción en 20 años). Sus habilidades baloncestísticas y su puntuación de 1080 en el SAT le habrían asegurado la admisión en cualquier universidad que eligiera, pero no visitó oficialmente ningún campus. En 2012, Bryant fue honrado como uno de los 35 mejores McDonald's All-Americans por su juego en la escuela secundaria, así como por sus logros posteriores.

Carrera profesional

Draft de la NBA de 1996

Antes del draft de la NBA de 1996, Bryant se ejercitó en Los Ángeles, donde se enfrentó a los ex jugadores de los Lakers Larry Drew y Michael Cooper y, según el entonces director general de los Lakers, Jerry West, "pasó por encima de esta gente".

Los Lakers querían intercambiar a su pívot titular Vlade Divac por los derechos del draft de un jugador para liberar espacio en el tope salarial y hacer una oferta al pívot agente libre Shaquille O'Neal. Bill Branch, el principal ojeador de los Charlotte Hornets en ese momento, dijo que los Hornets acordaron intercambiar su elección número 13 con los Lakers el día antes del draft. Antes del acuerdo de intercambio, los Hornets nunca consideraron la posibilidad de elegir a Bryant. Durante el draft, los Lakers dijeron a los Hornets a quién seleccionar minutos antes de la elección. Bryant fue el primer escolta elegido directamente desde el instituto. Después del draft, el traspaso se puso en peligro cuando Divac amenazó con retirarse antes que ser traspasado desde Los Ángeles. Sin embargo, el 30 de junio, Divac cedió en su amenaza y el traspaso se hizo definitivo el 9 de julio de 1996, cuando terminó la moratoria de la liga fuera de temporada. Como Bryant aún tenía 17 años, sus padres tuvieron que cofirmar su contrato con los Lakers hasta que pudo firmar el suyo propio al cumplir los 18 años antes de que comenzara la temporada. Bryant firmó un contrato de novato de tres años por un total de 3,5 millones de dólares.

Los Angeles Lakers

Adaptación a la NBA (1996-1999)

Bryant debutó en la Summer Pro League de Long Beach (California) y anotó 25 puntos ante un público que se puso de pie. Los defensores tuvieron dificultades para ponerse delante de él, y su actuación entusiasmó a West y al entrenador de los Lakers, Del Harris. Anotó 36 puntos en la final y terminó con unos promedios de 24,5 puntos y 5,3 rebotes en cuatro partidos. Como novato en 1996-97, Bryant salió principalmente del banquillo detrás de los guardias Eddie Jones y Nick Van Exel. En ese momento, era el segundo jugador más joven en jugar un partido de la NBA (18 años, 72 días) y también se convirtió en el titular más joven de la NBA (18 años, 158 días). Al principio, Bryant jugó pocos minutos, pero a medida que avanzaba la temporada, empezó a ver más tiempo de juego.

Al final de la temporada, promediaba 15,5 minutos por partido. Durante el fin de semana del All-Star, Bryant participó en el Rookie Challenge y ganó el Slam Dunk Contest de 1997, convirtiéndose en el campeón de mates más joven con 18 años. El rendimiento de Bryant a lo largo del año le valió un puesto en el segundo equipo de novatos de la NBA junto a su compañero de banquillo Travis Knight.

Los Lakers avanzaron a las semifinales de la Conferencia Oeste en los playoffs contra los Utah Jazz, cuando Bryant fue presionado en un papel de líder al final del quinto partido. Byron Scott se perdió el partido por un esguince de muñeca, Robert Horry fue expulsado por pelearse con Jeff Hornacek, de Utah, y Shaquille O'Neal cometió una falta a falta de 1:46 para el final del último cuarto. Bryant lanzó cuatro balones de aire al final del partido; los Jazz ganaron 98-93 en la prórroga para eliminar a los Lakers por 4-1. Primero falló un tiro de dos puntos para ganar el partido en el cuarto cuarto, y luego falló 3 tiros de campo de tres puntos en la prórroga, incluyendo dos tiros para empatar en el último minuto. O'Neal comentó que "[Bryant] era el único tipo que tenía las agallas en ese momento para hacer tiros así".

En la segunda temporada, Bryant recibió más tiempo de juego y empezó a mostrar más sus habilidades como joven escolta con talento. Como resultado, los promedios de puntos de Bryant se duplicaron, pasando de 7,6 a 15,4 puntos por partido. Bryant vería un aumento de minutos cuando los Lakers "jugaban en pequeño", lo que supondría que Bryant jugara de alero junto a los guardias a los que normalmente respaldaba. Bryant fue el subcampeón del Premio al Sexto Hombre del Año de la NBA y, gracias a la votación de los aficionados, se convirtió en el titular más joven del All-Star de la historia de la NBA. Le acompañaron sus compañeros de equipo O'Neal, Van Exel y Jones, convirtiéndose en la primera vez desde 1983 que cuatro jugadores del mismo equipo eran seleccionados para jugar en el mismo Partido de las Estrellas. Los 15,4 puntos por partido de Bryant fueron los más altos de cualquier jugador no titular en la temporada.

La temporada 1998-99 marcó la aparición de Bryant como el mejor escolta de la liga. Tras el traspaso de los guardias titulares Van Exel y Jones, Bryant fue titular en todos los partidos de la temporada, acortada por el lockout, de 50 partidos. Durante la temporada, Bryant firmó una extensión de contrato de seis años por valor de 70 millones de dólares. Esto lo mantuvo con los Lakers hasta el final de la temporada 2003-04. Incluso en una etapa temprana de su carrera, los periodistas deportivos comparaban sus habilidades con las de Michael Jordan y Magic Johnson. Los resultados de los playoffs, sin embargo, no fueron mejores, ya que los Lakers fueron barridos por los San Antonio Spurs en las semifinales de la Conferencia Oeste.

Tres veces campeón (1999-2002)

La suerte de Bryant mejoró cuando Phil Jackson asumió el cargo de entrenador de los Lakers en 1999. Después de años de mejora constante, Bryant se convirtió en uno de los mejores escoltas de la liga, ganando apariciones en los equipos All-NBA, All-Star y All-Defensive de la liga. Los Lakers se convirtieron en aspirantes al campeonato con la combinación de Bryant y O'Neal. Jackson utilizó la ofensiva del triángulo que implementó para ganar seis campeonatos con los Chicago Bulls; esta ofensiva ayudaría tanto a Bryant como a O'Neal a ascender a la élite de la NBA. Ganaron tres campeonatos de forma consecutiva en 2000, 2001 y 2002, lo que consolida aún más esta opinión.

Bryant estuvo apartado durante seis semanas antes del inicio de la temporada 1999-2000 debido a una lesión en la mano que se produjo durante un partido de pretemporada contra los Washington Wizards. Cuando Bryant volvió y jugó más de 38 minutos por partido, tuvo un aumento en todas las categorías estadísticas durante la temporada 1999-2000. Esto incluía liderar el equipo en asistencias por partido y robos por partido. El dúo de O'Neal y Bryant, respaldado por un fuerte banquillo, llevó a los Lakers a ganar 67 partidos, lo que supone el quinto mejor resultado de la historia de la NBA. A continuación, O'Neal ganó el MVP y Bryant fue nombrado al segundo equipo de la NBA y al equipo defensivo de la NBA por primera vez en su carrera (el jugador más joven en recibir honores defensivos). A pesar de ser el segundo en importancia de O'Neal en los playoffs, Bryant tuvo algunas actuaciones decisivas, como un partido de 25 puntos, 11 rebotes, 7 asistencias y 4 tapones en el séptimo partido de las Finales de la Conferencia Oeste contra los Portland Trail Blazers. También lanzó un pase alley-oop a O'Neal para cerrar el partido y la serie. En las Finales de 2000, contra los Indiana Pacers, Bryant se lesionó el tobillo en el segundo cuarto del segundo partido tras caer sobre el pie de Jalen Rose, de los Pacers. Rose admitió más tarde que colocó su pie debajo de Bryant intencionadamente. Bryant no regresó al partido, y también se perdió el Juego 3 debido a la lesión. En el cuarto partido, Bryant anotó 22 puntos en la segunda mitad y llevó al equipo a una victoria en la prórroga, ya que O'Neal abandonó el partido por falta. Bryant anotó el tiro ganador para poner a los Lakers por delante 120-118. Con la victoria por 116-111 en el sexto partido, los Lakers ganaron su primer campeonato desde 1988.

Estadísticamente, en la temporada 2000-01 Bryant tuvo un rendimiento similar al del año anterior, pero promedió seis puntos más por partido (28,5). También fue el año en el que empezaron a aflorar las desavenencias entre Bryant y O'Neal. Una vez más, Bryant lideró al equipo en asistencias, con cinco por partido. Los Lakers, sin embargo, sólo ganaron 56 partidos, un descenso de 11 partidos respecto al año anterior. Los Lakers respondieron con un 15-1 en los playoffs. Barrieron fácilmente a los Portland Trail Blazers en la primera ronda. En la ronda de semifinales, los Lakers barrieron a los Sacramento Kings. En el cuarto partido contra los Kings, Bryant anotó 48 puntos, 16 rebotes y 3 asistencias en la victoria por 119-113 que cerró la serie. Los Lakers barrieron a los San Antonio Spurs en las Finales de Conferencia para avanzar a las Finales, antes de perder su primer partido contra los Philadelphia 76ers en la prórroga. Ganarían los cuatro partidos siguientes y llevarían su segundo campeonato a Los Ángeles en otras tantas temporadas. Durante los playoffs, Bryant jugó muchos minutos, lo que elevó sus estadísticas a 29,4 puntos, 7,3 rebotes y 6,1 asistencias por partido. En los playoffs, su compañero O'Neal declaró a Bryant el mejor jugador de la liga. Bryant acabó formando parte del segundo equipo del All-NBA y del equipo defensivo del All-NBA por segundo año consecutivo. Además, también fue votado para ser titular en el Partido de las Estrellas de la NBA por tercer año consecutivo (no hubo partido en 1999).

En la temporada 2001-02, Bryant jugó 80 partidos por primera vez en su carrera. El 14 de enero de 2002, Bryant registró un récord en su carrera de 56 puntos, además de cinco rebotes y cuatro asistencias, en una victoria por 120-81 sobre los visitantes Memphis Grizzlies. Siguió con su juego integral al promediar 25,2 puntos, 5,5 rebotes y 5,5 asistencias por partido. Bryant también tuvo un 46,9% de tiros en su carrera y una vez más lideró a su equipo en asistencias. Se adjudicó su primer trofeo de MVP del All-Star tras una actuación de 31 puntos en Filadelfia, cuando fue abucheado por los aficionados como lo habían hecho durante todo el partido, a raíz de su comentario anterior a un abucheador de los 76ers durante las Finales de que los Lakers iban a "sacaros el corazón". Además de volver a formar parte del equipo defensivo de la NBA, Bryant también fue nombrado miembro del primer equipo de la NBA por primera vez en su carrera. Los Lakers ganaron 58 partidos ese año y terminaron segundos en la División Pacífico por detrás de su rival estatal, los Sacramento Kings. Bryant fue suspendido un partido después de golpear a Reggie Miller, de los Indiana Pacers, tras la victoria de los Lakers sobre los Pacers el 1 de marzo de 2002.

El camino hacia las Finales iba a ser mucho más duro que la carrera de récords que los Lakers habían disfrutado el año anterior. Aunque los Lakers barrieron a los Blazers y derrotaron a los Spurs por 4-1 en las dos primeras rondas de los playoffs, los Lakers no tenían la ventaja de jugar en casa contra los Sacramento Kings. La serie se alargaría hasta los siete partidos, la primera vez que esto le ocurría a los Lakers desde las finales de la Conferencia Oeste de 2000. Sin embargo, los Lakers fueron capaces de vencer a sus rivales de división y hacer su tercera aparición consecutiva en las Finales de la NBA. En las Finales de

2002, contra los New Jersey Nets, Bryant promedió 26,8 puntos, 51,4% en tiros, 5,8 rebotes y 5,3 asistencias por partido, lo que incluía anotar una cuarta parte de los puntos del equipo. A los 23 años, Bryant se convirtió en el jugador más joven en ganar tres campeonatos. El juego de Bryant fue notable y alabado por su actuación en los cuartos de los partidos, concretamente en las dos últimas rondas de los playoffs. Esto cimentó la reputación de Bryant como "clutch player".

No se puede llegar a tiempo (2002-2004)

En el primer partido de la temporada 2002-03, Bryant registró 27 puntos, 10 rebotes, 5 asistencias y 4 robos en una derrota por 87-82 ante los Spurs, que le visitaban. El 1 de noviembre, Bryant registró un triple-doble de 33 puntos, 15 rebotes y 12 asistencias en una victoria por 108-93 sobre los LA Clippers. También estableció un récord de la NBA de triples en un partido el 7 de enero de 2003, cuando hizo 12 contra los Seattle SuperSonics. Bryant promedió 30 puntos por partido y se embarcó en una racha histórica, anotando 40 o más puntos en nueve partidos consecutivos y promediando 40,6 en todo el mes de febrero. Además, promedió 6,9 rebotes, 5,9 asistencias y 2,2 robos por partido, todos ellos máximos de su carrera hasta ese momento. Bryant volvió a ser elegido para el All-NBA y el All-Defensive First Teams, y quedó en tercer lugar en la votación para el premio MVP. Después de terminar con 50-32 en la temporada regular, los Lakers se hundieron en los playoffs y perdieron en las semifinales de la Conferencia Oeste en seis partidos contra los eventuales campeones de la NBA, los San Antonio Spurs.

En la temporada siguiente, los Lakers lograron adquirir a las estrellas de la NBA Karl Malone y Gary Payton para dar otro empujón al campeonato de la NBA. Bryant fue arrestado por agresión sexual antes de que comenzara la temporada. Esto provocó que Bryant se perdiera algunos partidos por comparecencias en el juzgado o que asistiera a los tribunales a primera hora del día y viajara para jugar los partidos más tarde en el mismo día. En el último partido de la temporada regular, los Lakers jugaron contra los Portland Trail Blazers. Bryant hizo dos buzzer-beaters para ganar el partido y el título de la División Pacífico. Al final del último cuarto, Bryant anotó un triple a falta de 1,1 segundos para el final del partido y lo envió a la prórroga. El partido llegó a una segunda prórroga, en la que Bryant hizo otro triple cuando el tiempo expiraba para que los Lakers se impusieran a los Blazers por 105-104.

Con una alineación titular formada por O'Neal, Malone, Payton y Bryant, los Lakers lograron llegar a las finales de la NBA. Sin embargo, fueron derrotados en cinco partidos por los Detroit Pistons, que ganaron su primer campeonato desde 1990. En esa serie, Bryant promedió 22,6 puntos por partido y 4,4 asistencias mientras lanzaba un 35,1% en tiros de campo. El contrato de Jackson como entrenador no fue renovado, y Rudy Tomjanovich se hizo cargo. O'Neal fue traspasado a los Miami Heat por Lamar Odom, Caron Butler y Brian Grant. Al día siguiente, Bryant rechazó una oferta de seis años y 100 millones de dólares para firmar con Los Ángeles Clippers y volvió a firmar con los Lakers con un contrato de siete años y 136,4 millones de dólares.

Récords de puntuación y descalificaciones en los playoffs (2004-2007)

Bryant fue objeto de un minucioso escrutinio y de críticas durante la temporada 2004-05, con su reputación muy dañada por todo lo que había sucedido durante el año anterior. Una salva especialmente dañina llegó cuando Jackson escribió *La última temporada: Un equipo en busca de su alma.* El libro detallaba los acontecimientos de la tumultuosa temporada 2003-04 de los Lakers y contenía varias críticas a Bryant. En el libro, Jackson calificó a Bryant de "poco entrenable". A mitad de la temporada, Tomjanovich dimitió repentinamente como entrenador de los Lakers, alegando la recurrencia de problemas de salud y agotamiento. Sin Tomjanovich, la dirección del resto de la temporada de los Lakers recayó en el entrenador asistente de carrera Frank Hamblen. Bryant fue el segundo máximo anotador de la liga, con 27,6 puntos por partido, pero estuvo rodeado de un reparto de apoyos inferior, y los Lakers terminaron 34-48 y se perdieron los playoffs por primera vez en más de una década. El año significó una caída en el estatus general de Bryant en la NBA, ya que no entró en el Equipo de la NBA para la Defensa y también fue degradado al Tercer Equipo de la NBA. Durante la temporada, Bryant también se enzarzó en disputas públicas con Malone y Ray Allen.

La temporada 2005-06 marcó una encrucijada en la carrera de baloncesto de Bryant. A pesar de sus diferencias con Bryant, Jackson volvió a entrenar a los Lakers. Bryant apoyó la decisión y, según todas las apariencias, los dos hombres trabajaron bien juntos la segunda vez, llevando a los Lakers de nuevo a los playoffs. Los logros individuales de Bryant en materia de anotación dieron lugar a la mejor temporada estadística de su carrera. El 20 de diciembre de 2005, Bryant anotó 62 puntos en tres cuartos contra los Dallas Mavericks. Al entrar en el último cuarto, Bryant superó a todo el equipo de los Mavericks 62-61, la única vez que un jugador ha hecho esto durante tres cuartos desde la introducción del reloj de tiro. Cuando los Lakers se enfrentaron a los Miami Heat el 16 de enero de 2006, Bryant y Shaquille O'Neal aparecieron en los titulares al estrecharse las manos y abrazarse antes del partido, lo que significó un cambio en la enemistad que se había enconado entre ellos. Un mes después, en el Partido de las Estrellas de la NBA de 2006, se les vio riendo juntos.

El 22 de enero de 2006, Bryant anotó 81 puntos, la cifra más alta de su carrera, en una victoria por 122-104 contra los Toronto Raptors. Además de batir el anterior récord de la franquicia, de 71, establecido por Elgin Baylor, el partido de 81 puntos de Bryant fue el segundo más alto de la historia de la NBA, superado sólo por el partido de 100 puntos de Chamberlain en 1962. Mientras que Chamberlain fue alimentado repetidamente por sus compañeros de equipo para los tiros interiores en una victoria aplastante, Bryant creó su propio tiro -en su mayoría desde el exterior- en un partido en el que los Lakers perdían en el medio tiempo por 14 y no se alejaron hasta el último cuarto. Chamberlain, que jugaba en una época en la que el ritmo de los partidos era más rápido y las oportunidades de anotar eran más abundantes, aportó el 59% de los puntos de su equipo en la victoria de Filadelfia por 169-147, mientras que Bryant anotó el 66% de los 122 puntos de los Lakers. En ese mismo mes, Bryant también se convirtió en el primer jugador desde 1964 en anotar 45 puntos o más en cuatro partidos consecutivos, uniéndose a Chamberlain y Baylor como los únicos jugadores en hacerlo. En el mes de enero, Bryant promedió 43,4 puntos por partido, el octavo promedio de anotación más alto en un mes en la historia de la NBA y el más alto para cualquier jugador que no sea Chamberlain. Al final de la temporada 2005-06, Bryant estableció los récords de la franquicia de los Lakers en una sola temporada de más partidos de 40 puntos (27) y más puntos anotados (2.832). Ganó por primera vez el título de anotación de la liga al promediar 35,4 puntos por partido, convirtiéndose en el quinto jugador de la historia de la liga en promediar al menos 35 en una temporada. Bryant quedó en cuarto lugar en la votación para el Premio al Jugador Más Valioso de la NBA de 2006, pero recibió 22 votos para el primer puesto, sólo superado por el ganador Steve Nash.

Más adelante en la temporada, se informó de que Bryant cambiaría el número de su camiseta del 8 al 24 al comienzo de la temporada 2006-07. El primer número de Bryant en el instituto fue el 24 antes de cambiar al 33. Tras finalizar la temporada de los Lakers, Bryant dijo en TNT que quería el 24 como novato, pero no estaba disponible ya que lo llevaba George McCloud, al igual que el 33, retirado con Kareem Abdul-Jabbar. Bryant llevó la 143 en el campamento Adidas ABCD y eligió la 8 sumando esos números. En la primera ronda de los playoffs, los Lakers jugaron lo suficientemente bien como para alcanzar una ventaja de 3-1 en la serie sobre los Phoenix Suns, que culminó con los tiros de Bryant en el tiempo extra y la victoria en el cuarto partido. Estuvieron a seis segundos de eliminar a los Suns, segundos cabezas de serie, en el sexto partido, pero lo perdieron por 126-118 en la prórroga. A pesar de los 27,9 puntos por partido de Bryant en la serie, los Lakers se vinieron abajo y acabaron cayendo ante los Suns en siete partidos. Después de anotar 50 puntos con 20 de 35 tiros en la derrota del sexto partido, Bryant fue criticado por haber hecho sólo tres tiros en la segunda mitad del séptimo partido, que perdió 121-90 ante Phoenix.

Durante la temporada 2006-07, Bryant fue seleccionado para su novena aparición en el Juego de las Estrellas, y el 18 de febrero, registró 31 puntos, 6 asistencias y 6 robos, ganando el segundo trofeo de MVP del Juego de las Estrellas de su carrera. A lo largo de la temporada, Bryant se vio envuelto en varios incidentes en la cancha. El 28 de enero, mientras intentaba hacer contacto en un posible salto ganador del partido, sacudió el brazo y golpeó con el codo al escolta de los San Antonio Spurs, Manu Ginóbili, en la cara. Tras una revisión de la liga, Bryant fue suspendido para el siguiente partido en el Madison Square Garden contra los Knicks de Nueva York. La base de la suspensión fue que Bryant había realizado un "movimiento antinatural" al girar el brazo hacia atrás. Más tarde, el 6 de marzo, pareció repetir el movimiento, esta vez golpeando al escolta de los Minnesota Timberwolves Marko Jarić. El 7 de marzo, la NBA sancionó a Bryant por segunda vez con un partido de suspensión. En su primer partido, el 9 de marzo, propinó un codazo a Kyle Korver en la cara que fue reclasificado retroactivamente como una falta flagrante de tipo 1.

El 16 de marzo, Bryant anotó 65 puntos, la cifra más alta de la temporada, en un partido en casa contra los Portland Trail Blazers, que ayudó a poner fin a la racha de 7 derrotas de los Lakers. Esta fue la segunda mejor actuación anotadora de sus 11 años de carrera. El siguiente partido, Bryant anotó 50 puntos contra los Minnesota Timberwolves, tras lo cual anotó 60 puntos en una victoria en la carretera contra los Memphis Grizzlies, convirtiéndose en el segundo Laker en anotar tres partidos consecutivos de más de 50 puntos, una hazaña que no se veía desde que Jordan lo hizo por última vez en 1987. El único otro Laker que lo hizo fue Baylor, que también anotó más de 50 puntos en tres partidos consecutivos en diciembre de 1962. Al día siguiente, en un partido contra los New Orleans/Oklahoma City Hornets, Bryant anotó 50 puntos, convirtiéndose en el segundo jugador de la historia de la NBA en tener cuatro partidos seguidos de 50 puntos, detrás de Chamberlain, que lo logró dos veces con rachas de cinco y siete. Bryant terminó el año con un total de diez partidos de más de 50 puntos, sólo superado por Chamberlain. Bryant también ganó su segundo título de anotación consecutivo esa temporada. Durante la temporada 2006-07, su camiseta se convirtió en la más vendida de la NBA en Estados Unidos y China. Varios periodistas han atribuido la mejora de las ventas al nuevo número de Bryant, así como a su continua actuación en la cancha como All-Star. En los playoffs de la NBA de 2007, los Lakers volvieron a ser eliminados en primera ronda por los Phoenix Suns, por 4-1.

De vuelta a la cima (2007-2010)

El 27 de mayo de 2007, ESPN informó de que Bryant declaró que quería ser traspasado si Jerry West no regresaba al equipo con plena autoridad. Más tarde, Bryant confirmó su deseo de que West volviera a la franquicia, pero negó haber declarado que quisiera ser traspasado si eso no se producía. Sin embargo, tres días después, en el programa de radio de Stephen A. Smith, Bryant expresó su enfado por un "insider" de los Lakers que afirmaba que Bryant era el responsable de la salida de Shaquille O'Neal del equipo, y declaró públicamente: "Quiero ser traspasado." Tres horas después de hacer esa declaración, Bryant afirmó en otra entrevista que, tras mantener una conversación con el entrenador jefe Jackson, había reconsiderado su decisión y se había echado atrás en su petición de canje. Más tarde, Bryant apareció en un infame vídeo de aficionados diciendo que el pívot Andrew Bynum debería haber sido traspasado por el All-Star Jason Kidd.

El 23 de diciembre de 2007, Bryant se convirtió en el jugador más joven (29 años y 122 días) en alcanzar los 20.000 puntos, en un partido contra los New York Knicks, en el Madison Square Garden, tras anotar 39 puntos junto a 11 rebotes y 8 asistencias. Este récord ha sido superado desde entonces por LeBron James. El 28 de marzo, Bryant anotó un máximo de temporada de 53 puntos y 10 rebotes en una derrota contra los Memphis Grizzlies.

A pesar de una lesión en el dedo meñique de la mano de tiro, descrita como "una rotura completa del ligamento colateral radial, una fractura por avulsión y una lesión de la placa volar en la articulación MCP" que se produjo en un partido el 5 de febrero de 2008, Bryant jugó los 82 partidos de la temporada regular en lugar de optar por la cirugía. Respecto a su lesión, declaró: "Preferiría retrasar cualquier procedimiento quirúrgico hasta después de la temporada de los Lakers, y de los Juegos Olímpicos de este verano. Pero, esta es una lesión que yo mismo [*sic*] y el personal médico de los Lakers tendremos que seguir controlando día a día."

Ayudado por el canje por el All-Star Pau Gasol, Bryant llevó a su equipo a un récord de 57-25 en el Oeste. Los Lakers barrieron a los Nuggets en la primera ronda y el 6 de mayo de 2008, Bryant fue anunciado oficialmente como el MVP de la liga. Dijo: "Ha sido un largo viaje. Estoy muy orgulloso de representar a esta organización, de representar a esta ciudad". West, que fue el responsable de traer a Bryant a los Lakers, estuvo presente en la rueda de prensa para observar cómo Bryant recibía su trofeo de MVP de manos del comisionado de la NBA David Stern. Stern declaró: "Kobe se lo merecía. Ha tenido otra gran temporada. No me sorprende en absoluto". Además de ganar su premio MVP, Bryant fue la única selección unánime para el equipo All-NBA el 8 de mayo de 2008, por tercera temporada consecutiva y sexta vez en su carrera. Luego encabezaría el Primer Equipo Defensivo de la NBA junto a Kevin Garnett, recibiendo 52 puntos en total, incluyendo 24 asentimientos en el primer lugar, ganando su octava selección.

Los Lakers concluyeron la temporada regular 2007-08 con un récord de 57-25, terminando en primer lugar en la Conferencia Oeste y preparándose para un concurso de primera ronda contra los Nuggets. En el primer partido, Bryant, que dijo que se había convertido en un señuelo durante la mayor parte del encuentro, anotó 18 de sus 32 puntos en los últimos ocho minutos para mantener a Los Ángeles a salvo. Eso convirtió a Denver en el primer equipo con 50 victorias en ser barrido en la primera ronda de los playoffs desde que los Grizzlies de Memphis cayeron en cuatro partidos ante los Spurs de San Antonio en 2004. En el primer partido de la siguiente ronda, contra los Jazz, Bryant anotó 38 puntos y los Lakers vencieron a los Jazz en el primer partido. Los Lakers también ganaron el siguiente partido, pero perdieron los partidos 3 y 4, incluso con Bryant anotando 33,5 puntos por partido. Los Lakers ganaron los dos siguientes partidos para ganar las semifinales. Esto les dio el pase a las Finales de la Conferencia Oeste contra los Spurs de San Antonio. Los Lakers derrotaron a los Spurs en cinco partidos, enviándose a las Finales de la NBA, contra los Boston Celtics. Esto marcó la quinta vez en la carrera de Bryant, y la primera vez sin O'Neal, que llegó a las finales de la NBA. Los Lakers perdieron entonces contra los Boston Celtics en seis partidos.

A principios de septiembre de 2008, Bryant decidió no operarse para reparar su meñique derecho. En la temporada 2008-09, los Lakers abrieron la campaña ganando sus primeros siete partidos. Bryant llevó al equipo a empatar el récord de la franquicia en cuanto a número de victorias en el inicio de la temporada, con un 17-2, y a mediados de diciembre tenían un récord de 21-3. Fue seleccionado para su 11º Partido de las Estrellas consecutivo como titular, y fue nombrado Jugador del Mes de la Conferencia Oeste en diciembre y enero, además de ser nombrado Jugador de la Semana de la Conferencia Oeste en tres ocasiones. En un partido contra los Knicks el 2 de febrero de 2009, Bryant anotó 61 puntos, estableciendo un récord de puntos anotados en el Madison Square Garden. Durante el Partido de las Estrellas de la NBA de 2009, Bryant anotó 27 puntos, 4 asistencias, 4 rebotes y 4 robos, y fue premiado como Co-MVP del Partido de las Estrellas junto a su ex compañero O'Neal. Los Lakers terminaron la temporada regular con el mejor récord del Oeste (65-17). Bryant fue subcampeón en la votación del MVP por detrás de James, y fue seleccionado para el Primer Equipo del All-NBA y el Primer Equipo Defensivo por séptima vez en su carrera.

En los playoffs, los Lakers derrotaron a los Utah Jazz en cinco partidos y a los Houston Rockets en siete partidos en las dos primeras rondas. Al acabar con los Denver Nuggets en las Finales de Conferencia en seis partidos, los Lakers consiguieron su segundo viaje consecutivo a las Finales de la NBA. Los Lakers derrotaron a los Orlando Magic en cinco partidos. Bryant recibió su primer trofeo de MVP de las Finales de la NBA al ganar su cuarto campeonato, logrando unos promedios en la serie de 32,4 puntos, 7,4 asistencias, 5,6 rebotes, 1,4 robos y 1,4 tapones. Se convirtió en el primer jugador desde West en las Finales de la NBA de 1969 en promediar al menos 32,4 puntos y 7,4 asistencias para una serie de Finales y el primero desde Jordan en promediar 30 puntos, 5 rebotes y 5 asistencias para un equipo ganador del título en las Finales. Bryant fue el máximo anotador de la liga durante toda la década del 2000, acumulando 21.065 puntos en la temporada regular entre las temporadas 1999-00 y 2008-09.

Durante la temporada 2009-10, Bryant realizó seis tiros ganadores de partidos, incluyendo un tiro de 3 puntos con una pierna contra los Miami Heat el 4 de diciembre de 2009. Bryant consideró el tiro "uno de los más afortunados que ha hecho". Una semana más tarde, Bryant sufrió una fractura por avulsión en su dedo índice derecho en un partido contra los Minnesota Timberwolves. A pesar de la lesión, Bryant decidió seguir jugando, en lugar de tomarse un tiempo de descanso para la lesión. Cinco días después de su lesión en el dedo, realizó otro tiro ganador, tras fallar una oportunidad en el tiempo reglamentario, esta vez contra los Milwaukee Bucks en un partido de prórroga. Bryant también se convirtió en el jugador más joven (31 años y 151 días) en alcanzar los 25.000 puntos en su carrera durante la temporada, superando a Chamberlain. Continuó con sus dominantes jugadas de embrague haciendo otro triple ganador del partido contra los Sacramento Kings, y lo que sería el gol de campo ganador del partido contra los Boston Celtics. Al día siguiente, superó a West para convertirse en el máximo anotador de la historia de los Lakers. Después de estar apartado durante cinco partidos por una lesión de tobillo, Bryant regresó e hizo otro triple decisivo para dar a los Lakers una ventaja de un punto a falta de cuatro segundos contra los Memphis Grizzlies. Dos semanas más tarde, hizo su sexto tiro ganador de la temporada, contra los Toronto Raptors.

El 2 de abril de 2010, Bryant firmó una extensión de contrato de tres años por valor de 87 millones de dólares. Bryant terminó la temporada regular perdiéndose cuatro de los últimos cinco partidos, debido a lesiones en su rodilla y dedo. Bryant sufrió múltiples lesiones a lo largo de la temporada y, como resultado, se perdió nueve partidos. Los Lakers comenzaron los playoffs como cabeza de serie número uno de la Conferencia Oeste contra los Oklahoma City Thunder, a los que acabaron derrotando en seis partidos. Los Lakers barrieron a los Utah Jazz en la segunda ronda y avanzaron a las finales de la Conferencia Oeste, donde se enfrentaron a los Phoenix Suns. En el segundo partido, Bryant terminó el partido con 13 asistencias, estableciendo un nuevo récord en su carrera en los playoffs; fue la mayor cantidad de asistencias de un Laker en los playoffs desde que Magic Johnson tuvo 13 en 1996. Los Lakers ganaron la serie en seis partidos y se proclamaron campeones de la Conferencia Oeste y llegaron a las Finales de la NBA por tercera vez consecutiva. En la revancha contra los Celtics de Boston, campeones en 2008, Bryant, a pesar de encestar 6 de 24 en tiros de campo, lideró a los Lakers a remontar una desventaja de 13 puntos en el tercer cuarto en el séptimo partido para ganar el campeonato; anotó 10 de sus 23 puntos en el último cuarto y terminó el partido con 15 rebotes. Bryant ganó su quinto campeonato y obtuvo su segundo premio consecutivo de MVP de las Finales de la NBA. Fue la primera vez que los Lakers ganaron un séptimo partido contra los Boston Celtics en las Finales de la NBA. Bryant dijo que éste era el más satisfactorio de todos sus cinco campeonatos.

En busca de un sexto campeonato (2010-2013)

Bryant quería un sexto campeonato para igualar el total de Jordan. Los Lakers comenzaron la temporada 2010-11 ganando sus primeros ocho partidos. En su noveno partido de la temporada, jugando contra los Denver Nuggets, Bryant se convirtió en el jugador más joven de la historia de la NBA en alcanzar los 26.000 puntos en su carrera. Bryant también registró su primer triple-doble desde el 21 de enero de 2009. El 30 de enero, contra los

Celtics, se convirtió en el jugador más joven en anotar 27.000 puntos. El 1 de febrero de 2011, Bryant se convirtió en uno de los siete jugadores con al menos 25.000 puntos, 5.000 rebotes y 5.000 asistencias. En Boston, el 10 de febrero, Bryant anotó 20 de sus 23 puntos en la segunda mitad y los Lakers remontaron una desventaja inicial de 15 puntos para ganar 92-86 a los Celtics. Fue la primera victoria de los Lakers de la temporada contra uno de los cuatro mejores equipos de la liga, ya que entraron en el juego 0-5 en los enfrentamientos anteriores y habían sido superados por un promedio de 11 puntos. Bryant, seleccionado para su decimotercer partido de las estrellas consecutivo tras convertirse en el más votado, consiguió 37 puntos, 14 rebotes y tres robos en el Partido de las Estrellas de 2011 y ganó su cuarto MVP del Partido de las Estrellas, empatando al miembro del Salón de la Fama Bob Pettit con el mayor número de premios de MVP del Partido de las Estrellas. Durante la temporada, Bryant pasó del 12º al 6º puesto en la lista de anotadores de la NBA de todos los tiempos, superando a John Havlicek, Dominique Wilkins, Oscar Robertson, Hakeem Olajuwon, Elvin Hayes y Moses Malone. Bryant terminó la temporada con un promedio de menos de 20 tiros por partido, el menor desde la temporada 2003-04.

El 13 de abril de 2011, la NBA multó a Bryant con 100.000 dólares por dirigir un insulto gay al árbitro Bennie Adams en señal de frustración en el partido del día anterior. La Alianza de Gays y Lesbianas contra la Difamación elogió la decisión de la NBA de multar a Bryant, y la Campaña de Derechos Humanos dijo que el lenguaje de Bryant era una "vergüenza" y "de mal gusto". Bryant declaró que estaba abierto a discutir el asunto con los grupos de defensa de los derechos de los homosexuales y que quería apelar su multa. Posteriormente se disculpó por el uso de la palabra. Bryant y otros Lakers aparecieron en un anuncio de servicio público de los Lakers denunciando su comportamiento. La búsqueda de un nuevo tricampeonato por parte del equipo terminó cuando fueron barridos por los Dallas Mavericks en la segunda ronda de los playoffs.

Bryant recibió una terapia experimental con plasma rico en plaquetas llamada Orthokine en Alemania para tratar el dolor de su rodilla y tobillo izquierdos, y Mike Brown sustituyó al retirado Jackson como entrenador de los Lakers en la temporada baja. Bryant comenzó la temporada jugando con una muñeca lesionada. El 10 de enero de 2012, Bryant anotó 48 puntos contra los Suns. "No está mal para ser el séptimo mejor jugador de la liga", dijo Bryant, refiriéndose a un ranking de ESPN de pretemporada de los mejores jugadores de la NBA. Siguió anotando 40, 42 y 42 en sus siguientes tres partidos. Era la sexta vez en su carrera que anotaba 40 o más puntos en cuatro partidos seguidos, una hazaña solo superada por Chamberlain (19 veces). En el Partido de las Estrellas de la NBA de 2012, Bryant anotó 27 puntos para superar a Jordan como líder anotador de su carrera en el Partido de las Estrellas. También sufrió una fractura de nariz y una conmoción cerebral en el tercer cuarto del Partido de las Estrellas tras una dura falta de Dwyane Wade. En abril, Bryant se perdió siete partidos por una contusión en la espinilla izquierda. Regresó tres partidos antes del final de la temporada regular. Se sentó en el final de la temporada contra Sacramento, renunciando a la persecución de un posible tercer título de anotación de la NBA, ya que necesitaba 38 puntos para superar a Kevin Durant. Los Lakers fueron eliminados de los playoffs por Durant y Oklahoma City en la segunda ronda de los mismos, perdiendo en cinco partidos en la que sería la última aparición de Bryant en los playoffs.

Los Lakers en 2012-13 adquirieron al pívot Dwight Howard y al base Steve Nash. El 2 de noviembre de 2012, Bryant anotó 40 puntos con dos robos, y superó a Magic Johnson (1.724) como líder de la carrera de los Lakers en robos. Sin embargo, los Lakers perdieron el partido ante los

Clippers y comenzaron la temporada 0-3 por primera vez en 34 años y apenas la cuarta vez en la historia de la franquicia. Después de comenzar la temporada 1-4, el entrenador Brown fue despedido. Fue reemplazado por Mike D'Antoni, a quien Bryant conoció de niño cuando el padre de Bryant jugaba en Italia y D'Antoni también era un jugador estrella allí. Bryant se había hecho amigo de D'Antoni durante el tiempo que estuvieron en el equipo de Estados Unidos. El 5 de diciembre, contra Nueva Orleans, Bryant se convirtió en el jugador más joven (34 años y 104 días) de la historia de la liga en anotar 30.000 puntos, uniéndose a los miembros del Salón de la Fama Chamberlain, Jordan, Kareem Abdul-Jabbar y Karl Malone como uno de los cinco jugadores en alcanzar ese hito. El 18 de diciembre, en una victoria por 101-100 sobre los Charlotte Bobcats, Bryant anotó más de 30 puntos en su séptimo partido consecutivo, la racha más larga de un jugador de la NBA después de cumplir 34 años; fue la cuarta racha más larga de su carrera. Su racha se rompería en 10 el 28 de diciembre en una victoria por 104-87 sobre los Portland Trail Blazers, cuando anotó 27 puntos, sentado todo el cuarto cuarto. En un movimiento para mejorar la defensa del equipo, D'Antoni comenzó a hacer que Bryant vigilara al mejor jugador de perímetro del oponente; Bryant fue el principal defensor de Kyrie Irving, de los Cavaliers, quien fue retenido con 15 puntos. Bryant reconoció que era un defensor más centrado cuando tenía una asignación defensiva desafiante en comparación con cuando jugaba fuera del balón contra jugadores más débiles. Su defensa perturbó a los rivales y liberó a Nash de los emparejamientos desfavorables.

Bryant lideraba la liga en anotación durante gran parte de los primeros 42 partidos. Con un decepcionante comienzo de temporada (17-25), D'Antoni hizo que Bryant se convirtiera en el principal facilitador en la ofensiva y Nash fue desplazado del balón y se convirtió más en un tirador puntual. En los siguientes tres partidos, Bryant tuvo al menos 10 asistencias en tres victorias con un total de 39 asistencias en tres partidos, la mayor cantidad en su carrera. Se quedó sin un triple-doble en cada partido, con nueve rebotes en dos ocasiones y ocho en la otra. En dos victorias cruciales en marzo, anotó al menos 40 puntos y tuvo al menos 10 asistencias en partidos consecutivos, convirtiéndose en el primer Laker en lograr la hazaña desde West en 1970.

Con los Lakers luchando por asegurar la octava y última plaza de playoffs en la Conferencia Oeste, unido a las lesiones en el equipo, Bryant comenzó a jugar casi los 48 minutos de cada partido. El 10 de abril de 2013, Bryant se convirtió en el primer jugador de la historia de la NBA en conseguir 47 puntos, ocho rebotes, cinco asistencias, cuatro tapones y tres robos en un partido de la NBA. El 12 de abril, Bryant sufrió una rotura del tendón de Aquiles contra los Golden State Warriors, poniendo fin a su temporada. Su lesión se produjo mientras jugaba siete cuartos consecutivos y al menos 40 minutos durante siete partidos consecutivos. Bryant, de 34 años, estaba promediando su mayor cantidad de minutos (38,6) en seis años, y sólo el novato de Portland Damian Lillard estaba promediando más minutos. El gerente general de los Lakers, Mitch Kupchak, había hablado con Bryant sobre su extenso tiempo de juego 10 días antes, pero Bryant insistió en que los minutos debían continuar dado el empuje de los Lakers en los playoffs. Bryant fue operado el 13 de abril para reparar el desgarro, y se estimó que se perdería de seis a nueve meses. Terminó la temporada con sus habituales números anotando una media de 27,3 puntos, 46,3% en tiros, 5,6 rebotes y 6 asistencias. Sin embargo, *The New York Times* calificó su conducción de los Lakers de vuelta a la disputa de los playoffs como "quizás uno de los mejores trabajos de su carrera." Ocho veces llegó a los 40 puntos durante la temporada, y once veces dio 10 o más asistencias en su papel de distribuidor, apodado "Magic Mamba" por las habilidades de pase de

Magic Johnson. Las asistencias de Bryant fueron las segundas más altas de su carrera y su porcentaje de tiros de campo fue el más alto desde 2008-09. Los Lakers terminaron la temporada con un balance de 45-37, lo que supone el séptimo puesto del Oeste. Jugando sin Bryant, los Lakers fueron barridos en cuatro partidos por los San Antonio Spurs en la primera ronda de los playoffs.

Años plagados de lesiones (2013-2015)

Bryant retomó los entrenamientos en noviembre de 2013, cuando ya había comenzado la temporada 2013-14. El 25 de noviembre, firmó una extensión de contrato de dos años con los Lakers por un valor estimado de 48,5 millones de dólares. Seguía siendo el jugador mejor pagado de la liga, aunque aceptó un acuerdo con descuento; había sido elegible para recibir una extensión a partir de 32 millones de dólares por año. El contrato de Bryant se convirtió en un tema polarizante, con los detractores argumentando que las estrellas deberían aceptar menos dinero para permitir a su equipo más libertad financiera, mientras que los partidarios replicaron que las mayores estrellas de la NBA estaban siendo pagadas por debajo de su valor real. Bryant volvió a jugar el 8 de diciembre tras perderse los primeros 19 partidos de la temporada. El 17 de diciembre, Bryant igualó su mejor marca de la temporada con 21 puntos en una victoria por 96-92 sobre Memphis, pero sufrió una fractura de la meseta tibial lateral de la rodilla izquierda que se esperaba que le dejara fuera de juego durante seis semanas. Había jugado seis partidos desde que regresó de su lesión en el tendón de Aquiles, lo que incluía tiempo en la posición de base tras las lesiones de Nash, Steve Blake y Jordan Farmar. Bryant estaba promediando 13,8 puntos, 6,3 asistencias y 4,3 rebotes. A pesar de la baja, fue votado por los aficionados para ser titular en su 16º partido de las estrellas. Bryant no se sintió merecedor de la selección, y algunos lo compararon con un premio a la trayectoria profesional por su rendimiento pasado. Sin embargo, se perdió de jugar en el partido, todavía obstaculizado por su rodilla. El 12 de marzo de 2014, los Lakers descartaron a Bryant para el resto de la temporada, citando su necesidad de más rehabilitación y el poco tiempo que quedaba de temporada. En ese momento, el equipo estaba 22-42 y empatado con el peor récord de la Conferencia Oeste. Los Lakers terminaron 27-55 y se perdieron los playoffs por primera vez desde 2005.

Bryant regresó para la temporada 2014-15, su 19ª temporada con los Lakers, que habían reemplazado a D'Antoni con el ex compañero de equipo de Bryant, Byron Scott. El 30 de noviembre de 2014, en una victoria en la prórroga por 129-122 contra los Toronto Raptors, Bryant registró el 20º triple-doble de su carrera con 31 puntos, 12 asistencias y 11 rebotes. A los 36 años, se convirtió en el jugador de la NBA de mayor edad en lograr 30 puntos, 10 rebotes y 10 asistencias en un partido. El 14 de diciembre, Bryant se convirtió en el tercer máximo anotador de la NBA de todos los tiempos, superando a Jordan (32.292) en una victoria por 100-94 contra Minnesota. Jugó los primeros 27 partidos de la temporada, promediando los máximos del equipo con 26,4 puntos y 35,4 minutos por partido, mientras lideraba la liga con 22,4 tiros por partido. Sin embargo, Scott lo mantuvo fuera durante tres partidos consecutivos para que descansara después de una de sus peores actuaciones de la temporada, cuando Bryant cometió nueve pérdidas de balón y anotó 25 puntos con sólo 8 de 30 tiros en una derrota por 108-101 ante Sacramento. Sufría dolores en las rodillas, los pies, la espalda y los tendones de Aquiles y Scott planeaba reducir su carga de trabajo en adelante. En tres ocasiones Bryant había superado los 40 minutos en un partido, y el entrenador se culpó de sobrecargarlo después de que empezara la temporada en tan buena forma. En la temporada, Bryant había lanzado sólo un 37% en tiros de campo, y el récord del equipo era sólo de 8-19. En su segundo partido de vuelta después de descansar, tuvo 23 puntos, 11 asistencias y 11 rebotes en una victoria por 111-103 sobre Denver, y se convirtió en el tercer jugador en la historia de la liga en registrar múltiples triples-dobles en una temporada con 36 años o más. El 21 de enero de 2015, Bryant sufrió un desgarro del manguito rotador en su hombro derecho mientras conducía la línea de fondo para un mate a dos manos contra los Pelicans de Nueva Orleans. Aunque era diestro, volvió a jugar en el partido y dirigió la ofensiva mientras tiraba, driblaba y pasaba casi exclusivamente con la mano izquierda. Antes de la lesión, Bryant había descansado en 8 de 16 partidos. Se sometió a una cirugía de final de temporada por la lesión, terminando la temporada con un promedio de 22,3 puntos, pero disparando un 37,3 por ciento de su carrera, muy por debajo de su marca de 45,4 por ciento de su carrera para comenzar la temporada. Se esperaba que estuviera fuera de juego durante nueve meses y su regreso estaba previsto para el inicio de la temporada 2015-16. Los Lakers terminaron la temporada con un récord de 21-61, superando el récord de la franquicia de más derrotas en una temporada que habían establecido el año anterior.

Última temporada (2015-2016)

Tras recuperarse para jugar en la pretemporada 2015-16, Bryant sufrió una lesión en la pantorrilla y se perdió las dos últimas semanas de partidos de exhibición. Sin embargo, jugó en el inicio de la temporada para comenzar su vigésima temporada con los Lakers, superando el récord de la liga de John Stockton de 19 temporadas con el mismo equipo. El 24 de noviembre de 2015, los Lakers cayeron a 2-12 tras perder 111-77 ante los Warriors. Bryant anotó solo cuatro puntos en 25 minutos con 1 de 14 en tiros, igualando el peor partido de su carrera en el que intentó al menos cinco tiros. El 1 de diciembre de 2015, Bryant jugó su último partido contra el equipo de su ciudad natal, los Philadelphia 76ers, donde los Lakers perdieron 103-91.

El 29 de noviembre de 2015, Bryant anunció a través de *The Players' Tribune que* se retiraría al final de la temporada. En su poema titulado "Querido baloncesto", Bryant escribió que se enamoró del juego a la edad de seis años: "Un amor tan profundo que te di todo/De mi mente y cuerpo/A mi espíritu y alma". La temporada 2015-16 "es todo lo que me queda por dar./Mi corazón puede aguantar los golpes/Mi mente puede soportar la rutina/Pero mi cuerpo sabe que es hora de decir adiós./Y eso está bien./Estoy listo para dejarte ir". En una carta distribuida a los aficionados de los Lakers antes del partido de esa noche contra los Indiana Pacers, Bryant escribió: "Lo que habéis hecho por mí es mucho más grande que cualquier cosa que yo haya hecho por vosotros. ... Mi amor por esta ciudad, este equipo y por cada uno de vosotros nunca se desvanecerá. Gracias por este increíble viaje".

En el momento de su anuncio, era el segundo del equipo en minutos (30,8), por detrás de Jordan Clarkson, y lideraba el equipo con 16,7 intentos de tiros de campo por partido, mientras promediaba sólo 15,7 puntos y lanzaba un 31,5 por ciento, el mínimo de su carrera. Sus intentos de tiros libres habían bajado respecto a la media de su carrera, y su juego se había vuelto excesivamente dependiente de las fintas y de los tiros de larga distancia, realizando un 19,5 por ciento, el peor de la liga, desde la distancia de tres puntos mientras intentaba siete por partido, casi el doble de la media de su carrera. En la rueda de prensa posterior al anuncio, reconoció su declive. "Aunque juego como una mierda, he trabajado muy, muy duro para no jugar como una mierda y hago todo lo que puedo. Y me siento bien por ello", dijo.

Bryant pidió que los equipos contrarios no celebraran ninguna ceremonia en su honor en la cancha ni le hicieran ningún regalo en público. Antes de anunciar su retirada, se había mostrado firme en no querer el alboroto de una gira de despedida escenificada, prefiriendo escuchar abucheos en lugar de vítores. Aun así, se le rindió homenaje en toda la liga con homenajes en vídeo y ovaciones de los aficionados, incluso en estadios que históricamente le abucheaban, como el TD Garden de Boston, el Wells Fargo Center de Filadelfia, el Sleep Train Arena de Sacramento y el Vivint Smart Home Arena de Salt Lake City. Anteriormente, Bryant era respetado pero no amado, y estaba asombrado por las ovaciones que recibía ahora.

El 3 de febrero, Bryant hizo siete triples y anotó 38 puntos, la cifra más alta de la temporada, incluyendo 14 de los 18 puntos del equipo en los últimos 5:02 del partido, para una victoria por 119-115 sobre los Minnesota Timberwolves. La victoria puso fin a una racha de 10 partidos perdidos, y los Lakers evitaron establecer la racha de derrotas más larga en la historia de la franquicia. Se convirtió en el cuarto jugador de la NBA de más de 37 años que registra al menos 35 puntos, cinco rebotes y cinco asistencias en un partido. Bryant fue el más votado en el All-Star Game de 2016 con 1,9 millones de votos, por delante de los 1,6 millones de Stephen Curry. Tras pasar a alero esa temporada, Bryant fue seleccionado como titular en el frontcourt por primera vez. Jugando en su primer partido del All-Star desde 2013, Bryant logró 10 puntos, seis rebotes y siete asistencias. Los compañeros del Oeste se ofrecieron a darle el balón en un intento de conseguir otro MVP del All-Star, pero él lo rechazó.

En el final de la temporada, el 13 de abril, Bryant anotó 60 puntos contra Utah en su último partido de la NBA, superando a todo el equipo de los Jazz por 23-21 en el último cuarto, en la victoria de los Lakers por 101-96. Se convirtió en el jugador de mayor edad en anotar 60 o más puntos en un partido, con 37 años y 234 días. Los Lakers terminaron la temporada con un récord de 17-65, su peor marca en la historia de la franquicia.

Carrera en la selección nacional

Bryant se negó a jugar en los Juegos Olímpicos de 2000 porque se iba a casar en la temporada baja. También decidió no jugar en el Campeonato Mundial de la FIBA de 2002. Bryant fue seleccionado originalmente para el Campeonato de las Américas de la FIBA en 2003, pero se retiró después de someterse a operaciones artroscópicas de hombro y rodilla. En el verano siguiente, tuvo que retirarse del equipo olímpico por su caso de agresión sexual. Junto con LeBron James, fue uno de los dos primeros jugadores en ser nombrados públicamente en la lista preliminar de Estados Unidos 2006-2008 en 2006 por Jerry Colangelo. Sin embargo, volvió a quedarse fuera tras una operación de rodilla y no participó en el Campeonato Mundial de la FIBA de 2006.

La carrera de Bryant en la selección nacional de Estados Unidos comenzó finalmente en 2007. Formó parte de la selección masculina absoluta de Estados Unidos de 2007 y del equipo del Campeonato FIBA Américas de Estados Unidos, que terminó 10-0, ganó el oro y clasificó a los hombres de Estados Unidos para los Juegos Olímpicos de 2008. Fue titular en los 10 partidos del Campeonato FIBA Américas de Estados Unidos. Bryant promedió 15,3 puntos, 2,9 asistencias, 2,0 rebotes y 1,6 robos por partido en el torneo.

El 23 de junio de 2008, fue nombrado miembro del equipo nacional masculino senior de Estados Unidos para los Juegos Olímpicos de verano de 2008. Era la primera vez que acudía a los Juegos Olímpicos. Bryant anotó 20 puntos, incluidos 13 en el último cuarto, junto con seis asistencias, cuando el Equipo de Estados Unidos derrotó a España por 118-107 en el partido por la medalla de oro el 24 de agosto de 2008, para conseguir su primera medalla de oro en una competición mundial desde los

Juegos Olímpicos de 2000. Promedió 15,0 puntos, 2,8 rebotes y 2,1 asistencias, al tiempo que lanzó 0,462 tiros de campo en ocho competiciones olímpicas.

Bryant se reincorporó al equipo nacional para los Juegos Olímpicos de Verano de 2012. Tras ganar otra medalla de oro, Bryant decidió retirarse del equipo. Terminó su carrera en el equipo nacional con un récord de 26-0 en tres torneos, ganando una medalla de oro en cada ocasión.

Perfil del jugador

Bryant jugaba principalmente como escolta. Medía 1,98 m y pesaba 96 kg. A menudo se le consideraba uno de los anotadores más peligrosos de la NBA. Bryant ha sido comparado frecuentemente con Jordan, de quien tomó como modelo su estilo de juego. Al igual que Jordan, se hizo más conocido por lanzar un tiro en suspensión. Chris Ballard, de *Sports Illustrated,* describió otra de las jugadas más famosas de Bryant como el "jab step-and-pause", en el que Bryant se adelantaba con su pie no pivotante para dejar que el defensor se relajara, pero en lugar de llevar el pie del jab hacia atrás, lo empujaba y conducía alrededor de su oponente para llegar a la canasta.

Bryant se ganó la reputación de encestar en los momentos finales de los partidos, incluso cuando era doblado o triplicado, y se le consideró uno de los mejores cerradores de la NBA. En una encuesta anual realizada en 2012 a los directores generales de la NBA, Bryant fue seleccionado por décima temporada consecutiva como el jugador que los directores generales querrían que realizara un tiro decisivo con un partido en juego. Bryant disfrutaba siendo el villano, y se deleitaba en ser abucheado y luego silenciar al público con su juego. Su capacidad para realizar tiros difíciles también ha provocado críticas a su selección de tiro. A lo largo de su carrera, Bryant fue despreciado por ser un tirador egoísta y de gran volumen; falló más intentos de tiros de campo en su carrera que cualquier otro jugador en la historia de la NBA. Phil Jackson, que entrenó a Bryant durante muchos años, declaró que Bryant "tiende a forzar la acción, especialmente cuando el juego no va a su favor". Cuando su tiro no funciona, Kobe machaca sin descanso hasta que su suerte cambia". Según Bryant, "antes de hacer un 0 de 30 que un 0 de 9; un 0 de 9 significa que te has vencido a ti mismo, que te has mentalizado para salir del juego".

Además de sus habilidades ofensivas, Bryant también se estableció como un destacado jugador defensivo. Bryant rara vez recibía cargas cuando jugaba a la defensiva, lo que, según él, le permitía conservar su cuerpo y contribuía a su longevidad. Sin embargo, algunos críticos han sugerido que los reconocimientos defensivos de Bryant en sus últimos años se basaron más en su reputación que en su juego real.

Bryant también fue alabado por su implacable ética de trabajo, apodada la "mentalidad Mamba". A lo largo de sus primeras 17 temporadas, su cuerpo era resistente y mostraba un alto umbral de dolor mientras jugaba a menudo con lesiones. Bryant, un competidor feroz, hizo que tanto los rivales como los compañeros de equipo fueran objeto de su desprecio. Muchos jugadores lo consideraban difícil de jugar por su alto nivel de compromiso y rendimiento. Según el periodista deportivo Mark Heisler, de *Forbes*, "entre 2004 y 2007, Kobe era la superestrella más alienada que había visto la NBA". Tras la marcha de Shaquille O'Neal, condujo a los Lakers a dos campeonatos de la NBA; durante este periodo, se convirtió en un mentor de sus compañeros más de lo que había sido antes en su carrera. Phil Jackson, el antiguo entrenador de Bryant, observó una gran diferencia durante sus dos etapas como entrenador de los Lakers en el comportamiento de Bryant hacia sus compañeros de equipo. Si Bryant hablaba con sus compañeros de equipo en sus primeros años, normalmente era "dame el maldito balón", pero durante el último período, "[Bryant] abrazaba al equipo y a sus compañeros, llamándolos cuando estábamos de viaje e invitándolos a cenar. Era como si los otros jugadores fueran ahora sus compañeros, no sus portadores de lanzas personales".

El baloncesto y el legado

El comisionado de la NBA Adam Silver calificó a Bryant como "uno de los mejores jugadores de la historia de nuestro deporte", y *The New York Times* escribió que tenía "una de las carreras más condecoradas de la historia del deporte". Reuters lo calificó como "posiblemente el mejor jugador de su generación", mientras que tanto *Sporting News* como TNT lo nombraron jugador de la NBA de la década de 2000. En 2008 y de nuevo en 2016, ESPN lo clasificó como el segundo mejor escolta de todos los tiempos después de Jordan. Jugadores como Kevin Durant, Dirk Nowitzki, Dwyane Wade y Derrick Rose llamaron a Bryant la versión de Jordan de su generación. *El Press-Enterprise* describió a Bryant como "quizá el mejor Laker de la historia de la organización". Fue el máximo anotador de los Lakers de todos los tiempos, y sus cinco títulos están empatados con la mayor cantidad en la historia de la franquicia. Los dos números que llevó durante su carrera, el 8 y el 24, fueron retirados por los Lakers el 18 de diciembre de 2017. En su primer año de elegibilidad, Bryant fue nombrado finalista para el Naismith Memorial Basketball Hall of Fame, semanas después de su muerte, antes de ser elegido un par de meses más tarde, en abril de 2020. Su incorporación formal se retrasó hasta 2021 debido a la pandemia de COVID-19. En octubre de 2021, Bryant fue honrado como uno de los mejores jugadores de la liga de todos los tiempos al ser nombrado en el Equipo del 75º Aniversario de la NBA.

Con unos promedios en su carrera de 25,0 puntos, 5,2 rebotes, 4,7 asistencias y 1,4 robos por partido, Bryant fue considerado uno de los jugadores más completos de la historia de la NBA. Es el cuarto máximo anotador de la historia de la liga con 33.643 puntos. Fue el primer jugador en la historia de la NBA en tener al menos 30.000 puntos y 6.000 asistencias en su carrera, y fue uno de los cuatro jugadores con 25.000 puntos, 6.000 rebotes y 6.000

asistencias. Bryant lideró la NBA en anotación durante las temporadas 2005-06 y 2006-07. Su actuación de 81 puntos contra Toronto en 2006 fue la segunda más alta de la historia de la NBA, sólo por detrás de los 100 de Chamberlain. Anotó al menos 50 puntos en 24 ocasiones en su carrera, lo que supone el tercer puesto en la historia de la liga por detrás de Jordan (31) y Chamberlain (118); seis veces Bryant anotó al menos 60. Fue el tercer jugador de la historia de la NBA en promediar 40 puntos en un mes natural, lo que consiguió en cuatro ocasiones. Bryant fue elegido MVP de la liga en 2008 y llevó a su equipo a las Finales de la NBA de 2008 como primer cabeza de serie de la Conferencia Oeste. En los Juegos Olímpicos de Verano de 2008, ganó una medalla de oro como miembro del equipo masculino de baloncesto de Estados Unidos, al que en ocasiones se le conoce como "el equipo de la redención". Ganó otra medalla de oro en los Juegos Olímpicos de Verano de 2012. Llevó a los Lakers a dos campeonatos más en 2009 y 2010, ganando el premio de MVP de las Finales en ambas ocasiones.

Bryant fue 18 veces elegido para el All-Star, lo que supone el segundo puesto tras los 19 de Kareem Abdul-Jabbar. Fue elegido un récord de 18 veces consecutivas, cada vez como titular. En cuatro ocasiones (2003, 2011, 2013, 2016) fue el más votado. Cuatro veces Bryant fue nombrado el MVP del All-Star, un récord que comparte con Bob Pettit. Fue seleccionado para el Equipo All-NBA en 15 ocasiones, empatado con Abdul-Jabbar y Tim Duncan, y sus 11 honores del primer equipo están empatados con Karl Malone. Bryant también fue seleccionado 12 veces para el Equipo Defensivo, sólo por detrás de las 15 de Duncan, y fue nombrado nueve veces para el Primer Equipo Defensivo, empatado con Jordan, Garnett y Gary Payton para el mayor número de todos los tiempos. Fue el primer escolta que jugó 20 temporadas en la NBA. También ganó el Concurso de Mates de la NBA en 1997 y fue su ganador más joven. En su carrera,

Bryant anotó más de 40 puntos en 121 partidos, y 21 veces registró un triple-doble.

Durante los playoffs de la NBA de 2020, los jugadores de los Lakers lucieron las camisetas 'Black Mamba' en honor a Bryant. Diseñada por el propio Bryant, la camiseta negra presenta un patrón de piel de serpiente con detalles amarillos y 16 estrellas que representan los 16 campeonatos del equipo en ese momento. En la victoria en el segundo partido contra los Denver Nuggets en las finales de la Conferencia Oeste, Anthony Davis hizo una canasta de 3 puntos y gritó el nombre de Bryant, mientras el equipo llevaba las camisetas de la "Mamba Negra". Tras la victoria en el segundo partido de las finales de la NBA de 2020, LeBron James fue preguntado por las camisetas y dijo lo siguiente: "Siempre es especial representar a alguien que significó tanto, no sólo para el juego sino también para la organización de los Lakers durante más de 20 años. Para nosotros, honrarle, estar en la pista, es lo que se trata de hacer".

El 26 de enero de 2022, coincidiendo con el segundo aniversario de su muerte y del accidente de helicóptero, se colocó una estatua de Bryant y su hija Gianna en el lugar donde se produjo el accidente. Más tarde, en febrero, la NBA rediseñó el trofeo del MVP del Partido de las Estrellas como parte del gran rediseño de los trofeos del Fin de Semana de las Estrellas para celebrar la temporada del 75º aniversario de la liga.

Vida personal

Bryant era el menor de tres hijos. Creció con dos hermanas mayores, Sharia y Shaya, y mantuvo una estrecha relación con ellas hasta su muerte.

En noviembre de 1999, Bryant, de 21 años, conoció a Vanessa Laine, de 17, mientras ella trabajaba como bailarina de fondo en el vídeo musical de Tha Eastsidaz "G'd Up". Bryant estaba en el edificio y trabajando en su álbum de debut. Los dos empezaron a salir y se comprometieron seis meses después, en mayo de 2000, cuando Laine aún estaba en el último año del instituto Marina de Huntington Beach (California). Para evitar el escrutinio de los medios de comunicación, terminó el instituto mediante un estudio independiente. Según Laila Laine, prima de Vanessa, no hubo acuerdo prenupcial. Laila dijo que Bryant "la quería demasiado para uno".

Se casaron el 18 de abril de 2001 en la iglesia católica de San Eduardo el Confesor en Dana Point, California. A la boda no asistieron los padres de Bryant, sus dos hermanas, su asesor y agente de toda la vida, Arn Tellem, ni sus compañeros de los Lakers. Los padres de Bryant se opusieron al matrimonio por varias razones. Al parecer, los padres de Bryant tenían problemas con que se casara tan joven, especialmente con una mujer que no era afroamericana. Este desacuerdo dio lugar a un periodo de distanciamiento de más de dos años, que terminó cuando nació la primera hija de la pareja.

La primera hija de los Bryant, Natalia, nació en enero de 2003. El nacimiento dio lugar a una reconciliación entre Bryant y sus padres. Debido a un embarazo ectópico, Vanessa sufrió un aborto en la primavera de 2005. Su segunda hija, Gianna Maria-Onore (también conocida como "Gigi"), nació en mayo de 2006. El 16 de diciembre de 2011, Vanessa Bryant solicitó el divorcio, alegando diferencias irreconciliables, y la pareja pidió la custodia compartida de sus hijas. El 11 de enero de 2013, tanto Bryant como su esposa anunciaron a través de las redes sociales que habían suspendido su divorcio. A principios de diciembre de 2016, Vanessa dio a luz a su tercera hija, y en enero de 2019 los Bryant anunciaron que esperaban una cuarta hija. Su hija nació en junio de 2019.

Bryant era un católico practicante. Dijo que su fe y un sacerdote le ayudaron en momentos difíciles, como el periodo posterior a su acusación de violación. Una cantora católica dijo que se sintió inspirada por la fe de Bryant y por el respeto que le mostró. Bryant y su familia eran asistentes habituales de la iglesia católica Nuestra Señora Reina de los Ángeles de Newport Beach. Bryant y su hija, Gianna, recibieron juntos la Eucaristía horas antes de morir.

Bryant era multilingüe. Dominaba el inglés, el italiano y el español. Inspirado en el nombre en clave del personaje de Uma Thurman en las películas de *Kill Bill*, Bryant se asignó a sí mismo el apodo de "Mamba Negra", citando el deseo de que sus habilidades en el baloncesto imitaran la capacidad de la serpiente epónima de "golpear con un 99% de precisión a máxima velocidad, en rápida sucesión." Durante la temporada 2012-13, empezó a referirse a sí mismo como "vino" para describir cómo su juego había ido envejeciendo como un buen vino.

En enero de 2002, Bryant compró una casa de estilo mediterráneo por 4 millones de dólares, situada en una calle sin salida en Newport Coast, Newport Beach. Vendió la casa en mayo de 2015.

En 2013, Bryant tuvo un desacuerdo legal con una casa de subastas sobre los recuerdos de sus primeros años que su madre había sacado a subasta. La madre de

Bryant recibió 450.000 dólares de la casa de subastas por los objetos, y alegó que Bryant le había cedido los derechos sobre los objetos que le quedaban en su casa. Sin embargo, los abogados de Bryant pidieron a la casa de subastas que devolviera los objetos. Antes del juicio previsto, se llegó a un acuerdo que permitía a la casa de subastas la venta de menos del 10% de los artículos. Los padres de Bryant le pidieron disculpas por el malentendido en una declaración escrita, y agradecieron el apoyo financiero que les había prestado a lo largo de los años.

Bryant fue un fanático de toda la vida del equipo de la NFL de su ciudad natal, los Philadelphia Eagles. También era aficionado a los equipos de fútbol Barcelona, AC Milan y Manchester City.

Según *Forbes, los* 680 millones de dólares de ganancias en la carrera de Bryant fueron la mayor cantidad de la historia de un atleta de equipo durante su carrera como jugador.

También es primo segundo de su ex compañero de los Lakers, Cedric Ceballos.

Caso de agresión sexual

En el verano de 2003, la oficina del sheriff de Eagle (Colorado) detuvo a Bryant en relación con la investigación de una denuncia por agresión sexual presentada por una empleada del hotel de 19 años. Bryant se había registrado en The Lodge and Spa at Cordillera, en el condado de Eagle, antes de someterse a una operación de rodilla en las cercanías. La acusadora declaró que Bryant la violó en su habitación de hotel la noche antes de que Bryant se sometiera a la intervención. Bryant admitió haber tenido un encuentro sexual adúltero con su acusadora, pero negó su acusación de agresión sexual.

La acusación empañó la reputación de Bryant, y la percepción pública de él cayó en picado; sus contratos de patrocinio con McDonald's y Nutella fueron rescatados. Las ventas de las réplicas de las camisetas de Bryant disminuyeron considerablemente. En septiembre de 2004, los fiscales abandonaron el caso de agresión después de que la acusadora decidiera no testificar en el juicio. Posteriormente, Bryant aceptó disculparse con ella por el incidente, incluyendo su *mea culpa* pública: "Aunque realmente creo que este encuentro entre nosotros fue consentido, reconozco ahora que ella no vio ni ve este incidente de la misma manera que yo. Después de meses de revisar las pruebas, de escuchar a su abogado e incluso de su testimonio en persona, ahora comprendo que ella sienta que no consintió este encuentro." La acusadora presentó otra demanda contra Bryant, que ambas partes resolvieron en privado.

Avales

Antes de comenzar la temporada 1996-97, Bryant firmó un contrato de seis años con Adidas por un valor aproximado de 48 millones de dólares. Su primera zapatilla firmada fue la Equipment KB 8. Otros acuerdos anteriores de Bryant incluían acuerdos con The Coca-Cola Company para promocionar su refresco Sprite, aparecer en anuncios de McDonald's, promocionar el nuevo NBA Infusion Ball de Spalding, Upper Deck, la marca Nutella de la empresa italiana de chocolates Ferrero SpA, Russell Corporation, y aparecer en su propia serie de videojuegos de Nintendo. Muchas empresas, como McDonald's y Ferrero SpA, rescindieron sus contratos cuando se hicieron públicas las acusaciones de violación contra él. Una notable excepción fue Nike, Inc. que le había firmado un contrato de cinco años y 40-45 millones de dólares justo antes del incidente. Sin embargo, se negaron a utilizar su imagen o a comercializar una nueva zapatilla suya durante ese año, pero finalmente empezaron a promocionar a Bryant una vez que su imagen se recuperó dos años después. Desde entonces, ha retomado los acuerdos de patrocinio con The Coca-Cola Company, a través de su filial Energy Brands, para promocionar su marca de bebidas Vitamin Water. Bryant también fue el atleta de portada de *NBA '07: Featuring the Life Vol. 2* y apareció en anuncios de los videojuegos *Guitar Hero World Tour* (con Tony Hawk, Michael Phelps y Alex Rodríguez) en 2008 y *Call of Duty: Black Ops* (junto a Jimmy Kimmel) en 2010.

En un vídeo de 2008 para promocionar las zapatillas Hyperdunk de Nike, Bryant aparece saltando sobre un Aston Martin a toda velocidad. La acrobacia se consideró falsa, y *Los Angeles Times* dijo que una acrobacia real sería probablemente una violación del contrato de los Lakers de Bryant. Después de promocionar las zapatillas Hyperdunk de Nike, Bryant sacó la cuarta edición de su línea de firma de Nike, las Zoom Kobe IV. En 2010, Nike lanzó otra zapatilla, la Nike Zoom Kobe V. En 2009, Bryant firmó un acuerdo con Nubeo para comercializar la "colección Black Mamba", una línea de relojes deportivos/de lujo que oscilan entre los 25.000 y los 285.000 dólares. El 9 de febrero de 2009, Bryant apareció en la portada de *ESPN The Magazine*. Sin embargo, no fue por nada relacionado con el baloncesto; más bien, se trataba de que Bryant era un gran fan del FC Barcelona. La CNN estimó que los acuerdos de patrocinio de Bryant en 2007 tenían un valor de 16 millones de dólares al año. En 2010, Bryant ocupó el tercer puesto, por detrás de Tiger Woods y Jordan, en la lista de *Forbes* de los deportistas mejor pagados del mundo, con 48 millones de dólares.

El 13 de diciembre de 2010, Bryant firmó un contrato de patrocinio de dos años con la aerolínea nacional de Turquía, Turkish Airlines. El acuerdo incluía la participación de Bryant en una película promocional que se emitiría en más de 80 países, además de su utilización en publicidad digital, impresa y en vallas publicitarias.

En septiembre de 2012, Bryant rodó un anuncio para Turkish Airlines con la estrella del FC Barcelona Lionel Messi. En el último anuncio de la aerolínea, el dúo compite para ganar la atención de un niño. En 2013, *Forbes* incluyó a Bryant en la lista de estrellas deportivas mejor pagadas del mundo, por detrás de Floyd Mayweather, Cristiano Ronaldo, LeBron James y Lionel Messi.

Bryant apareció como atleta de portada de los siguientes videojuegos:

- *Kobe Bryant en NBA Courtside*
- *NBA Courtside 2: con Kobe Bryant*
- *NBA Courtside 2002*
- *NBA 3 on 3 con Kobe Bryant*
- *NBA '07: Con la Vida Vol. 2*

- *NBA '09: El interior*
- *NBA 2K10*
- *NBA 2K17* (Edición Leyenda; Edición Leyenda Oro)
- *NBA 2K21* (Mamba Forever Edition)

Bryant también fue uno de los embajadores globales de la Copa Mundial de Baloncesto FIBA 2019 en China.

Música

En el instituto, Bryant formó parte de un grupo de rap llamado CHEIZAW, llamado así por la banda Chi Sah de la película de artes marciales *Kid with the Golden Arm*. El grupo fue contratado por Sony Entertainment, pero el objetivo final de la compañía era eliminar el grupo y que Bryant grabara por su cuenta. La discográfica quería aprovechar la juventud de Bryant y su fama en la NBA. Actuó en un concierto de Sway & King Tech en 1997 y grabó un verso para una remezcla de "Hold Me" de Brian McKnight. Bryant incluso apareció en *Respect,* de su compañero de equipo O'Neal, iniciando el tema "3 X's Dope", aunque el nombre de Bryant no aparecía en los créditos.

Sony empujó a Bryant desde sus raíces de hip hop underground hacia un sonido más apto para la radio. Su álbum de debut, *Visions*, se publicó en la primavera de 2000. El primer sencillo, "K.O.B.E"', contaba con la participación de la supermodelo Tyra Banks en el gancho. El single se estrenó en enero de 2000 y se interpretó en el fin de semana de las estrellas de la NBA de ese mes; la canción no fue bien recibida. Sony abandonó los planes para el álbum, que nunca se publicó, y abandonó a Bryant a finales de ese año. El presidente de Sony que había contratado a Bryant ya se había marchado, y los demás patrocinadores de Bryant le habían abandonado en su mayoría. Después, Bryant cofundó un sello discográfico independiente, Heads High Entertainment, pero se disolvió al cabo de un año. En 1999, Bryant apareció en una remezcla de "Say My Name" de Destiny's Child en la versión de single Maxi de la canción.

En 2011, Bryant apareció en el single del cantante taiwanés Jay Chou "The Heaven and Earth Challenge" (天地一鬥, pronunciado "Tian Di Yi Dou"). La recaudación de las descargas tanto del single como de los tonos de llamada se donó a escuelas empobrecidas para instalaciones y equipos de baloncesto. En el vídeo musical del single también aparece Bryant. La canción también fue utilizada por Sprite en su campaña de marketing de 2011 en China.

En 2009, el rapero estadounidense Lil Wayne lanzó una canción llamada "Kobe Bryant". Del mismo modo, en 2010, el rapero estadounidense Sho Baraka lanzó una canción llamada "Kobe Bryant On'em", que aparecía en su álbum *Lions and Liars*. En 2012, el rapero estadounidense Chief Keef lanzó una canción en homenaje a Kobe Bryant llamada "Kobe". Apareció en su álbum de estudio debut, *Finally Rich, como* parte de la edición de lujo.

Cine y televisión

Bryant debutó como actor en 1996, apareciendo en un episodio de *Moesha*. Conoció a la estrella del programa, Brandy, a principios de año en un partido de baloncesto de las estrellas de Nike, y un par de meses después, en mayo de 1996, Brandy fue la cita de Bryant en su baile de graduación del instituto. Ese mismo año, actuó como invitado en un episodio de *Arli$$* (episodio: "What About the Fans?") y *Sister, Sister* (episodio: "Kid-Napped"). En 1997, apareció en un episodio de *Hang Time*, al que siguió una aparición como invitado en la serie de comedia de sketches de Nickelodeon *All That* (1998). Bryant también fue la primera opción para el papel de Jesus Shuttlesworth en la película de Spike Lee de 1998 *He Got Game*, pero rechazó el papel, diciendo que "este verano es demasiado grande para mí".

Bryant fue el protagonista del documental de Spike Lee *"Kobe Doin' Work"* de 2009, que narraba a Bryant durante la temporada 2007-08 de la NBA.

En 2018, Bryant se convirtió en el primer afroamericano en ganar el premio de la Academia al mejor cortometraje de animación y en el primer ex atleta profesional en ser nominado y ganar un premio de la Academia en cualquier categoría por su película *Dear Basketball*. A pesar de ganar el Oscar, se le negó el ingreso en la Academia de las Artes y las Ciencias Cinematográficas debido a su pasado caso de abuso sexual y a su nuevo conjunto de normas de conducta dentro del reciente movimiento MeToo. La película también ganó el premio Annie al mejor cortometraje de animación y un premio Emmy del deporte. La película fue producida por la productora de Bryant, Granity Studios. Además de futuros proyectos de animación, había estado en conversaciones con el veterano animador Bruce Smith durante los últimos seis meses antes de su muerte sobre la creación de su propio estudio de animación.

A partir de 2018, Bryant escribió, produjo y presentó la serie de televisión *Detail*, que se emitió durante varias temporadas en ESPN y ESPN+. Presentó sus ideas sobre el juego de baloncesto y análisis en profundidad de los partidos y los jugadores individuales. También apareció en *Ridiculousness* de MTV en 2019.

Filantropía

Bryant fue el embajador oficial de After-School All-Stars (ASAS), una organización estadounidense sin ánimo de lucro que ofrece programas extraescolares completos a niños de trece ciudades de Estados Unidos. Bryant también creó el Fondo Kobe Bryant para China, que se asoció con la Fundación Soong Ching Ling, una organización benéfica respaldada por el gobierno chino. El Fondo Kobe Bryant China recauda dinero en China para programas de educación y salud. El 4 de noviembre de 2010, Bryant apareció junto a Zach Braff en el evento de lanzamiento de Call of *Duty: Black Ops* en el aeropuerto de Santa Mónica, donde entregaron un cheque de un millón de dólares a la Call of Duty Endowment, una organización sin ánimo de lucro fundada por Activision que ayuda a los veteranos en su transición a la vida civil una vez finalizado su servicio militar.

Junto con su esposa, Bryant fundó la Fundación de la Familia Kobe y Vanessa Bryant (KVBFF). Sus objetivos son "ayudar a los jóvenes necesitados, fomentar el desarrollo de habilidades físicas y sociales a través del deporte y ayudar a las personas sin hogar". Bryant se refirió a la injusticia que se comete con las personas sin hogar, a las que se culpa de su situación, y dijo que no se debe ignorar ni dar poca prioridad a la falta de vivienda. Bryant dijo que quería algo más de la vida que una carrera de éxito en el baloncesto.

Bryant y su esposa Vanessa fueron donantes fundadores del Museo Nacional de Historia y Cultura Afroamericana, y Bryant también donó el uniforme que llevó en las Finales de la NBA de 2008, año en que fue nombrado MVP de la liga. A lo largo de su vida, Bryant concedió más de doscientas peticiones a la Fundación Make-A-Wish.

Empresas de negocios

Bryant creó Kobe Inc. para poseer y hacer crecer marcas en la industria del deporte. La inversión inicial fue una participación del 10% en la empresa Bodyarmor SuperDrink por 6 millones de dólares en marzo de 2014. La sede está en Newport Beach, California. Con la compra por parte de The Coca-Cola Company de una participación minoritaria en la empresa en agosto de 2018, la valoración de la participación de Bryant se elevó a unos 200 millones de dólares.

En 2013, Bryant puso en marcha una productora llamada Granity Studios, que desarrollaba diferentes medios, desde películas hasta programas de televisión y novelas.

El 22 de agosto de 2016, Bryant y su socio Jeff Stibel lanzaron Bryant-Stibel, una firma de capital de riesgo centrada en diferentes negocios, incluyendo medios de comunicación, datos, juegos y tecnología, con 100 millones de dólares de financiación. En 2018, Bryant y Sports Academy lanzaron Mamba Sports Academy, una empresa conjunta de entrenamiento deportivo. La academia estableció sedes en Thousand Oaks y Redondo Beach, California.

Muerte

A las 9:06 de la mañana, hora del Pacífico, del 26 de enero de 2020, un helicóptero Sikorsky S-76 partió del aeropuerto John Wayne del condado de Orange (California) con nueve personas a bordo: Bryant, su hija Gianna de 13 años, seis amigos de la familia y el piloto, Ara Zobayan. El helicóptero estaba registrado a nombre de la empresa Island Express Holding Corp. con sede en Fillmore, según la base de datos de empresas de la Secretaría de Estado de California. El grupo viajaba al aeropuerto de Camarillo, en el condado de Ventura, para asistir a un partido de baloncesto en la Mamba Sports Academy de Thousand Oaks.

Debido a la ligera lluvia y a la niebla de esa mañana, los helicópteros del Departamento de Policía de Los Ángeles y la mayoría del resto del tráfico aéreo estaban en tierra. El rastreador de vuelos mostró que el helicóptero sobrevolaba el zoológico de Los Ángeles debido al intenso tráfico aéreo de la zona. A las 9:30 horas, Zobayan se puso en contacto con la torre de control del aeropuerto de Burbank, notificando la situación, y se le dijo que estaba "volando demasiado bajo" para ser rastreado por el radar. En ese momento, el helicóptero experimentó una niebla extrema y giró hacia el sur, hacia las montañas. A las 9:40 horas, el helicóptero ascendió rápidamente de 1.200 a 2.000 pies (370 a 610 m), volando a 161 nudos (298 km/h; 185 mph).

A las 9:45 horas, el helicóptero se estrelló contra la ladera de una montaña en Calabasas, a unos 48 km al noroeste del centro de Los Ángeles, y comenzó a arder. Bryant, su hija y los otros siete ocupantes murieron en el impacto. Los primeros informes indicaron que el helicóptero se estrelló en las colinas de Calabasas en medio de una espesa niebla. Los testigos informaron de que oyeron el forcejeo de un helicóptero antes de estrellarse.

Investigaciones

El 28 de enero se confirmó oficialmente la identidad de Bryant mediante huellas dactilares. Al día siguiente, el Departamento de Medicina Forense del condado de Los Ángeles declaró que la causa oficial de su muerte y la de las otras ocho personas que viajaban en el helicóptero era un traumatismo por objeto contundente.

La Administración Federal de Aviación, la Junta Nacional de Seguridad del Transporte y el FBI iniciaron investigaciones sobre el accidente. La causa del accidente fue difícil de investigar, ya que el helicóptero no estaba equipado con una caja negra. Más de un año después del accidente, el 9 de febrero de 2021, la NTSB declaró que el piloto Ara Zobayan probablemente se desorientó después de volar hacia unas nubes espesas. Los cinco miembros de la junta también dijeron que Zobayan, que también murió en el accidente, ignoró su formación y violó las normas federales durante el vuelo de 40 minutos.

Homenajes y servicios funerarios

El 7 de febrero, Bryant y su hija fueron enterrados en un funeral privado en el Pacific View Memorial Park, en el barrio de Corona del Mar de Newport Beach, California. El 24 de febrero se celebró un servicio público de conmemoración (2/24, que marca los números de las camisetas de Kobe y Gianna) en el Staples Center con Jimmy Kimmel como anfitrión. Entre los oradores del servicio se encontraban Vanessa, Jordan y O'Neal, además de la escolta del Phoenix Mercury Diana Taurasi y Geno Auriemma, el entrenador de Taurasi en Connecticut, donde Gianna aspiraba a jugar.

La NBA había aplazado el partido de los Lakers contra los Clippers apenas dos días después del accidente, el 28 de enero, la primera vez que se aplazaba un partido de la NBA por cualquier motivo desde que el atentado de la maratón de Boston de 2013 provocó el aplazamiento de un partido de los Celtics. El 30 de enero, el primer partido después del accidente se jugó en el Staples Center entre los Clippers y los Kings; los Clippers rindieron homenaje a Bryant antes del partido, con el nativo del sur de California Paul George narrando un video de homenaje a Bryant. Al día siguiente, los Lakers jugaron su primer partido después del accidente contra los Trail Blazers. Antes del partido, los Lakers rindieron homenaje a Bryant y a todos los que perdieron la vida en el accidente con una ceremonia celebrada justo antes del inicio del partido, en la que Usher cantó "Amazing Grace" y Boyz II Men el Himno Nacional, mientras que Wiz Khalifa y Charlie Puth se reunieron para interpretar "See You Again" - originalmente su tributo a Paul Walker tras su muerte durante el rodaje de *Furious 7- en* el descanso. James también pronunció un discurso al público antes del partido, y cada jugador de la alineación inicial de los Lakers fue anunciado con el nombre de Bryant. El partido fue el segundo más visto en la historia de ESPN, con una media de 4,41 millones de espectadores.

Además, empezando por los Spurs y los Raptors en su partido en San Antonio el día del accidente, los equipos rindieron homenaje a Bryant al comienzo de sus partidos con violaciones intencionadas en la cancha que hacían referencia a sus números de uniforme en su primera posesión, ya sea una violación de 24 segundos en el reloj de tiro o una violación de 8 segundos en la cancha trasera. El 15 de febrero, el comisionado de la NBA, Adam Silver, anunció que el premio al MVP del Juego de las Estrellas pasaría a llamarse Jugador Más Valioso Kobe Bryant del Juego de las Estrellas de la NBA en honor a Bryant. En mayo de 2020, la Mamba Sports Academy pasó a llamarse Sports Academy por respeto a Bryant.

La 62ª edición de los premios Grammy se desarrolló tal y como estaba previsto en el Staples Center el día del accidente, pero incluyó homenajes de múltiples artistas y grupos, como el de la presentadora Alicia Keys, que abrió el espectáculo con un discurso de homenaje en el que llamó al Staples Center "la casa que Kobe Bryant construyó" y se unió a Boyz II Men para cantar "It's So Hard to Say Goodbye to Yesterday". Bryant también apareció en el inicio del segmento In Memoriam de la 92ª edición de los premios de la Academia tras su Oscar en 2018 por *Dear Basketball,* y Spike Lee lució un traje en homenaje a él en la ceremonia. No fue incluido en los montajes de los VMAs y Emmys de 2020, celebrados más tarde en el año. Los fans se molestaron por la omisión, sobre todo porque los actores Naya Rivera y Chadwick Boseman habían aparecido de forma destacada en ambos; tras las inesperadas muertes de Rivera y Boseman en julio y agosto de 2020, respectivamente, se comparó popularmente a las tres jóvenes celebridades negras. La Pro Bowl de 2020 también se jugó en el Camping World Stadium de Orlando el día del accidente, y antes del saque inicial, los jugadores de la NFC que se enteraron de la muerte de Bryant llevaron a cabo una oración dirigida por el mariscal de campo de los Seattle Seahawks, Russell Wilson, mientras que se realizaron varios homenajes en el campo y por megafonía durante el partido.

Después de que los Lakers vencieran a los Miami Heat en el sexto partido de las Finales de la NBA de 2020 para conseguir el 17º campeonato de la NBA de la franquicia, el rapero, fan de los Lakers y nativo de Long Beach, Snoop Dogg, rindió homenaje a Bryant y a los Lakers con un tatuaje completo en el antebrazo. Bryant fue incluido a título póstumo en el Salón de la Fama del Baloncesto en 2021, y Vanessa pronunció el discurso de aceptación en nombre de Bryant.

Vea todos nuestros libros publicados aquí:
https://campsite.bio/unitedlibrary

CPSIA information can be obtained
at www.ICGtesting.com
Printed in the USA
BVHW091926221122
652529BV00017B/1290